ESENS
Liebenswerte Bärenstadt am Meer

Dieser Bildband wird herausgegeben von der Stadt Esens und hergestellt vom Wirtschaftsverlag NW GmbH, Bremerhaven. Texte und Fotos des Farbteils sind von Wolfgang Heilscher (†) und Erich J. Menssen. Das Layout schuf Erich J. Menssen. Die Materialien des historischen Anhangs wurden von Bürgermeister Werner Schmidt und dem stellvertretenden Bürgermeister Herbert Jander (†) recherchiert und zusammengestellt.
2., verbesserte und erweiterte Auflage 1993.
ISBN 3-89-429-383-7

WOLFGANG HEILSCHER

ESENS

Liebenswerte Bärenstadt
am Meer

nw

„In dieser Stadt, da kann man leben . . .

. . . und sich erholen“, so hatten wir beim Geleitwort den Ausruf des streitbaren Junkers Balthasar von Esens ergänzt, den dieser während der Einweihung des neugestalteten Kirchplatzes vor einigen Jahren ausstieß, als er rund 450 Jahre nach seinem Tode „erschien“ und das Esens von heute in Augenschein nahm.

Seit der Erstauflage dieses Bildbandes sind inzwischen weitere 10 Jahre vergangen. Neue Gebäude und Einrichtungen sind hinzugetreten und haben das Antlitz unserer kleinen Stadt mit ihrem Seebad Bensersiel erneut verschönert und geprägt. Insofern war es folgerichtig, den ersten Bildband nicht nur nachzudrucken, sondern ihn vielmehr zu verändern, der Entwicklung anzupassen und um vier neue Seiten zu ergänzen.

Auch jetzt wieder gilt es, Spuren der Vergangenheit und Augenblicke der Gegenwart in diesem Bildband zu einer Herausforderung für die Zukunft zu verknüpfen.

Unseren Wunsch möchten wir erneuern. Möge auch diese Ausgabe in viele Hände gelangen, möge sie auch in späteren Jahren von unserer anheimelnden Stadt Esens und ihrer bewegten Geschichte künden.

Dank sagen wir wiederum allen, die zur Herausgabe der beiden Ausgaben unseres Bildbandes von 1983 und 1993 beigetragen haben, insbesondere unserem Ehrenbürger und Stadtdirektor a. D. Ewald Neemann, der durch eine weitere Spende die Anregung zur Überarbeitung des Bildbandes gegeben hat.

Leider ist der Schöpfer der Erstausgabe, Herr Wolfgang Heilscher, inzwischen verstorben. Seine „Liebeserklärung“ an unsere Stadt Esens ist von Herrn Erich J. Menssen fortgesetzt worden. Unsere Anerkennung für die faszinierenden Aufnahmen und für den häufig philosophisch-poesievollen Text möchten wir daher auf ihn ausdehnen.

Esens, im Dezember 1993

W. Schmidt
Bürgermeister

B. Thüer
Stadtdirektor

Eine liebenswerte alte Stadt

Das ist sie, unsere Stadt an der Waterkant, Herz einer uralten geschichtsträchtigen Landschaft, des Harlingerlandes. 1310 wird „Eselingis“ in einer Geleiturkunde erwähnt.
Den Spuren vergangener Zeiten begegnen wir noch häufig in Esens, denn Altes, Unverlierbares zu bewahren, ist den Esensern Herzenssache. Lassen Sie sich einladen in unsere Stadt und stellen Sie bitte selbst fest, ob unser Titel richtig gewählt ist!

Wer eine so alte und schöne Stadt wie Esens fotografisch durchwandert, den Spuren ihrer Geschichte folgt, in alten Schriften blättert, das Gestern mit dem Heute vergleicht, der spürt hier wie überall das Gesetz des Wandels, dem alles unterliegt. Wandel heißt Veränderung. Sie kennzeichnet einen Prozeß, der unsere Geschichte seit Anbeginn begleitet. Es weckt beinahe schmerzliche Empfindungen, daß unser „Medium“ Bildband kaum mehr als eine Momentaufnahme zuläßt. Verweilen wir für einige fotografische Augenblicke, erleben wir ihre Faszination!

Esche an der Einmündung Goldenort/Butterstraße

Das Edzardssche Haus in der Steinstraße

Spiegel lebendiger Vergangenheit

Magisch fühlen wir uns angezogen von den Giebellandschaften alter Straßen,
von Symbolen und Strukturen aus der Welt von gestern.
In der Maßstablosigkeit des Industriezeitalters brach die Sehnsucht auf
nach allem, was wir überschauen und begreifen können.
Nostalgie verstehen wir deshalb nicht als Mode, sondern als Rückbesinnung.
Auf die Stadt Esens bezogen soll damit gesagt sein, daß Behüten, Pflegen und Bewahren
Eigenschaften darstellen, die Teil ihres Selbstverständnisses sind.

aus-Ensemble in der Westerstraße

Vielgestaltigkeit alter Strukturen: die Westerstraße

niorenzentrum „Peter-Friedrich-Ludwig-Stift“

Wiederbelebte Tradition: Stadtbummel per „Hafermotor“

Spätestens beim Betrachten dieser im Bild eingefangenen „lebendigen Vergangenheit" werden Sie dem Wunsch, durch alte Straßen und Gassen zu bummeln, nicht mehr widerstehen können. Das ehemalige „Stadthaus" am Markt, die merkwürdig „klassizistisch" anmutende Fassade eines alten Hauses am Herrenwall, die hübschen Bürgerhäuser an der Butterstraße, der Nelkenpfad am Stadtgraben mit seinen prächtigen Kastanienbäumen oder das abendliche Stimmungsbild vom Markt in Esens auf der gegenüberliegenden Seite: wenige Beispiele, aber Anregung genug zum Schauen, Bummeln und Entdecken!

Daß dieser Bildband eine historische Dokumentation nicht ersetzen kann, versteht sich eigentlich von selbst, doch hinführen zur Beschäftigung mit der Geschichte dieser Stadt und ihrer Menschen sollte er schon, gilt es doch, Lehren zu ziehen aus all den Schilderungen von Krieg, Mord, Brandschatzung, Sturmflut, Krankheiten, Seuchen, Feuersbrünsten: Ihnen entsprechen Bekundungen der Zuversicht, Glaubenskraft und Zukunftshoffnung. Esens, ein Beispiel für viele Städte? Durchaus, denn Urbanität entstand als Ergebnis von Kampf und Auseinandersetzung. Und wenn im Klagelied der Trauernden aller Zeiten sich die Erkenntnis läutert, daß Frieden und Menschlichkeit immer wieder neu errungen werden müssen, dann hat die Vergangenheit uns heute mehr denn je zu sagen.

Im Herzen der Stadt: St. Magnus

Die fromme Legende macht St. Magnus, den Namenspatron des mit mehr als 1700 Plätzen größten ostfriesischen Gotteshauses, zum Bannerträger Karls des Großen bei dessen römischer Kaiserkrönung im Jahr 800. Tatsächlich geht der Name auf Magnus von Trani zurück, einen römischen Bischof, der den Märtyrertod gestorben sein soll und dessen Reliquien im Harlingerland verehrt wurden.
Die Esenser St.-Magnus-Kirche hatte, wie die meisten Ostfriesenkirchen, eine oder mehrere Vorgängerinnen, zunächst aus Holz, dann aus Tuff- und Basaltsteinen. Die erste Kirche in Esens soll um 1100 gebaut worden sein. Mehrfach wird ihre Zerstörung gemeldet. Teile des Mauerwerks

und Inventars blieben erhalten, so die bronzene Taufe von 1474 und der ebenso alte Sarkophag des Häuptlings Siebeth Attena.
Die heutige St.-Magnus-Kirche entstand 1848 bis 1850 auf den Fundamenten ihrer wegen Baufälligkeit abgebrochenen Vorgängerin.
Die eindrucksvolle dreischiffige Kreuzkirche birgt sakrale Kostbarkeiten. Neben den bereits erwähnten auch die 1673 vom Festungskommandanten Timann Lintelo gestiftete Kanzel, der 1714 geschaffene Altar mit dem bekannten Weinstock-Symbol, kostbare Bilder, Kronleuchter, Schnitzwerke, Epitaphien und eine der schönsten und typischsten Orgeln Norddeutschlands vom Esenser Orgelbaumeister Rohlfs aus dem Jahr 1847.

Blick von der Empore auf Kanzel und Altar

Epitaph neben der Orgel

Grabmal des Häuptlings Siebeth Attena, der auch auf dem Sarkophag dargestellt ist

Der Bär läßt schön grüßen

Niemandem soll ein Bär aufgebunden werden, wenn wir feststellen, daß der Bär wohl das beliebteste Esenser Tier ist, obwohl es ihn nur in Bronze als Standbild und auf ungezählten Wappen gibt, denn der Bär ist Wahrzeichen und Wappentier, Glücksbringer und Maskottchen. Wie das gekommen ist, erzählt man sich so: Wieder einmal hatten böse Feinde die schwer befestigte Stadt belagert. Einem Bärenführer war das Tier aus Hunger durchgebrannt, kletterte auf einen Stadtturm und erregte dort die Aufmerksamkeit des Feindes, der schleunigst abzog, weil er annehmen mußte, daß die Esenser nicht zu beugen waren, wenn sie sich noch einen Bären leisten konnten ... Ob's stimmt? Fragen Sie mal den Bronzebären am Kirchplatz!

Esenser Frühlingstage

Eine liebenswerte Stadt ist dies zu allen Jahreszeiten, im naßkalten Spätherbst, wenn schummriges Licht aus Butzenscheiben mit den letzten Blättern auf feuchtem Pflaster spielt, im Sommer, wenn sich alle Welt zum Kuren und Erholen hier ein Stelldichein gibt. Am liebenswertesten aber ist Esens im Frühling. Da bieten sich Motive, wie sie

hier ganz willkürlich zusammengestellt sind, auf Schritt und Tritt: Blütenkaskaden in alten Stadtgärten, junges, leuchtendes Grün in den wunderschönen Esenser Siedlungen, die, vielfach ausgezeichnet, blühende Beispiele für Lebensqualität sind, draußen vor der Stadt, wo die Gärten sich in den grünen Weiten verlieren, wo schwarzbuntes Vieh auf Löwenzahnwiesen weidet: Esenser Frühlingstage!

Weil, wenn von Esens die Rede ist, Bensersiel in einem Atemzug genannt werden muß, darf in diesem Zusammenhang ein guter Rat folgen: Esenser Frühlingstage oder -wochen sind durchaus ein Erholungswochenende oder auch einen Urlaub wert, denn wie faszinierend schön ist unser Ostfriesland, wenn Kiebitze im Balzflug über die Weiden „wuchteln“,

im Schafhauser Wald die Buschwindröschen ihren weißen Teppich breiten, im Moor namens „Ochsenweide“ die gelbe Iris Farbtupfer zwischen die weißen Wattebäusche des Wollgrases mischt. Frühling am Meer, das ist Lerchenlied vor und hinter den Deichen, das sind Begegnungen und Erlebnisse mit der erwachenden Natur unserer Landschaft, in der Ursprünglichkeit noch eine Heimat hat.

Ein Rathaus mit Vergangenheit

Nobel wie die klassizistische Fassade des Rathauses mit der strahlenden Dominanz alten Adels ist auch seine Vergangenheit. Gebaut wurde das frühere Witwenstift für vornehme Damen Anfang des 18. Jahrhunderts. Vermutlich sind Teile des Hauses noch sehr viel älter. „Das Große Haus" hieß es bei den alten Esensern. Die Geschichte der Stiftung läßt sich leider nicht in wenigen Worten gültig darstellen. Das vornehme Haus, das vor seiner Umwandlung in eine Stiftung der Familie des Generalleutnants von Wangelin als Wohnung diente,

Noblesse oblige! – Die vornehme Fassade des Rathauses zu Esens

Der restaurierte Ratssaal „Ahnensaal"

beherbergte dann alte Damen, die hier ihren Lebensabend verbrachten.
Als immer weniger Stiftsdamen die Räume bevölkerten, andererseits die Stadt Esens ihr viel zu klein gewordenes Rathaus (das heutige „Stadthaus“) sehr gerne gegen das Haus derer von Wangelin getauscht hätte, wurde 1946 nach Überwindung erheblicher Schwierigkeiten der Umzug bewerkstelligt.
Die Pflege und Erhaltung des wertvollen Interieurs war eine der wesentlichen und bis heute streng beachteten Bedingungen der Übernahme durch die Stadt.
Samtgemeinde und Stadt ließen sich die Restaurierung des Ratssaales viel kosten.

Phantastische mediterrane Landschaft mit einer „Traumstadt“ – Teil der Tapisserien im Rathaussaal

Mit Unterstützung des Niedersächsischen Wissenschaftsministers wurden die vom „Zahn der Zeit“ im wahrsten Wortsinn „zernagten“ wertvollen Tapisserien und die Holzteile nach alten, heute nahezu vergessenen Verfahren restauriert. Mit berechtigtem Stolz darf heute der prachtvolle „Ahnensaal“ (unsere Bilder) vorgezeigt werden. Das „Rathaus mit Vergangenheit“ strahlt Noblesse aus wie eh und je.

Bilder der Stiftung – Ahnengalerie

Motiv mit Vogelgestalten und Phantasielandschaft

„Schäferstündchen“

Das Museum im Kirchturm

Viele tausend Besucher jährlich sind der Lohn für die gute Idee junger Mitglieder der Kirchengemeinde, die Geschichte der St.-Magnus-Kirche in einem Museum im Kirchturm zu vermitteln. Dieser mächtige, 1844 bis 1845 gebaute und früher als Seezeichen bekannte Turm bietet Raum genug für interessante Dokumentationen und Zeugnisse aus den Jahrhunderten. In aller Ruhe kann der Besucher in alten Folianten blättern, beim Studium der Kirchenbücher Menschenschicksale nachempfinden oder beim Betrachten des alten Werkes der Turmuhr

Das alte Werk der Turmuhr

Eine sehr alte Bibel ist der Stolz der Ausstellung

die Geschicklichkeit und Präzision längst vergangener Handwerkskunst bewundern. Selbstverständlich wird dem Gast auch ein Besuch bei den vier Glocken gestattet, von denen die größte, die „St.-Magnus-Glocke", aus dem Jahr 1482 stammt, 72 Zentner wiegt und vom Esenser Häuptling Hero Omken gestiftet wurde. Der Aufstieg über mehrere hundert Stufen lohnt sich allein schon wegen der „Kirchturmperspektive"!

Spuren der Vergangenheit

Wer einen Blick in die Geschichte tun möchte: In der Peldemühle – von ehemals 16 Mühlen in der Stadt Esens ist sie die einzige, die die Jahrzehnte überstanden hat – findet der interessierte Gast das Heimatmuseum mit vielen Einblicken in die Siedlungsgeschichte des Harlingerlandes. Fundstücke und Ausgrabungen erzählen vom Kampf der Friesen gegen die Nordsee, von Burgen und Häuptlingen, von Handel und Handwerk und von friedlichen und kriegerischen Zeiten. Anhand genauer Daten werden hier viele Ereignisse vergangener Jahrhunderte wieder lebendig, und eine Sammlung alter Postkarten belegt im Vergleich mit heute, wie sich das Gesicht der Stadt in den vergangenen Jahrzehnten gewandelt hat.

In der „Heimatstube“ bewundert der Besucher die genaue Nachbildung alter ostfriesischer Trachten, wie sie – zusammen mit reichem Goldschmuck – von vornehmen Frauen getragen und im berühmten „Manninga-Buch“ von 1561 beschrieben worden sind. Es wurde so viel Gold getragen, daß von einer ostfriesischen „Goldtracht“ gesprochen werden kann: Im Haar ein Diadem mit Edelsteinen (Pael), der goldene Brustschmuck (Esschart), auf den Schultern goldene Schellen, über den Schultern schwere Goldketten und das rote Kleid mit vergoldeten Silberplatten überzogen. Sinn und Trachten galten auch der Darstellung des Reichtums.

Geschichte, Kunst und Kurioses

Eine kleine, aber feine Sammlung von Trachten, Möbeln, Schmuck und täglichen Gebrauchsgegenständen haben fleißige Hände auch in dem historischen Haus in der Westerstraße zusammengetragen. Staunend steht der Besucher vor den Zeugnissen alter Handwerkskunst oder bewundert kunstvolle Schmuckstücke und liebevolle Handarbeiten aus längst vergangenen Tagen. Hier findet man nostalgische Erinnerungen aus aller Welt an Zeiten, in denen die Hektik unserer Tage nur ein verständnisloses Kopfschütteln hervorgerufen hätte.

Dunkle Tage der Geschichte

Die dunklen Tage der Geschichte haben auch vor kleinen Städten wie Esens nicht haltgemacht. Das August-Gottschalk-Haus, benannt nach dem ersten Kultusbeamten der jüdischen Gemeinde, war ursprünglich Schul- und Gemeindehaus mit einer Wohnung für den Synagogendiener. Als 1938 auch die Esenser Synagoge den nationalsozialistischen Brandstiftern zum Opfer fiel, blieb das benachbarte Gemeindehaus unversehrt. Ende der 80er Jahre wurde das Haus durch die Stadtverwaltung restauriert und birgt heute eine sehenswerte Ausstellung zum Leidensweg und zur Geschichte der jüdischen Mitbürger in Ostfriesland.

Unter den Arkaden

Hier schlägt seit 1981 wieder das Herz der Stadt, pulsiert
fröhliches Leben und Treiben, windet sich ein bunter, munterer Reigen
von Veranstaltungen aller Art durch das Sommerhalbjahr.
Volkstänze, Kindertheater, Singegruppen, Akkordeonorchester und Gesangvereine,
Einheimische und Gäste: Sie alle treffen sich hier als Akteure oder Zuschauer.
Die Arkaden sind ein Freilufttheater, das allen eine Bühne bietet;
und es wird reichlich Gebrauch davon gemacht.

Das Arkadencafé in luftiger Höhe bietet dabei aus behaglichen Winkeln einen Blick auf das bunte Treiben zu Füßen des Gastes.
Unter den eifrigen Besuchern der Esenser Veranstaltungen treffen wir immer wieder den Esenser Ehrenbürger und Stadtdirektor von 1946 bis 1971, Ewald Neemann.
Er hat das äußere wie innere Bild der Stadt wesentlich mitgeprägt.

Esenser Kostbarkeiten

Dieses Bildmosaik zeigt Esenser Geschichte in komprimierter Form: links oben die Königskette der über 400 Jahre alten Schützencompagnie, daneben – als Zeichen wiederbelebter Tradition – die vom Ehrenbürger Hans Hajo Hinrichs Ende der 50er Jahre gestiftete Amtskette des Bürgermeisters. Die Münze ist ein Sterbetaler, den Fürst Christian Eberhard 1700 aus Anlaß des Todes von Prinzessin Eberhardine Sophie von Oettingen in der Münze zu Esens prägen ließ. Die Silberkanne von 1717 ist ebenso wie zwei der zwischen 600 und 400 Jahre alten Altargefäße das Werk Esenser Gold- und Silberschmiede.

Zeugen der Stadtgeschichte

Altehrwürdiges Fahnentuch legt Zeugnis ab von bedeutenden geschichtlichen Ereignissen, bewahrten und gehüteten Traditionen. Die schwarzrotgoldene Fahne, in Esens „Gittermannfahne“ genannt, gilt als kostbare Reliquie. Sie symbolisierte den Beginn der Demokratie in Esens, als Johann Carl Gittermann, Rektor der Lateinschule, am 20. Mai 1849 auf dem Marktplatz seine Landsleute zu einer Huldigung für die neue deutsche Reichsversammlung aufrief und diese Fahne hissen ließ. – Die Fahne der Esenser Schützencompagnie von 1845 ist nur eine von noch älteren.

Rings um den Balthasarbrunnen

Die Esenser mögen ihren Junker Balthasar, diesen rauhbeinigen Haudegen, der den Bremer „Pfeffersäcken“ das Leben schwermachte und deswegen den Zorn der reichen Kaufleute auf Esens zog.
Daß man ihm einen Brunnen baute, Märkte und Feste nach ihm benannte, liegt keinesfalls an der Vorliebe der Esenser für Seeräuberei, sondern ist ein später Dank an den Junker, der ihnen schon sehr früh die Marktrechte verschaffte.

Der Balthasarbrunnen auf dem Kirchplatz

Das Balthasarfest war im August 1977 zur Erinnerung an die Verleihung der Stadtrechte vor 450 Jahren ein Jahrhundertereignis. Der Balthasarmarkt, jährlich wiederkehrend, bringt Markttrubel mit viel Spaß für klein und groß. Wer einen richtigen gemütlichen ostfriesischen Markt kennenlernen will, der muß im August nach Esens kommen! Der Balthasarbrunnen plätschert allerdings nur im Sommer. Ansonsten dräut der kleine Bronzejunker. Er scheint nach wie vor böse auf die Bremer zu sein, weil sie damals seine schöne Rüstung mitgenommen haben und heute noch im Fockemuseum zeigen ...

Wochenmarkt in romantischer Umgebung

Ein jährlich mit Spannung erwartetes Ereignis: Fundsachenversteigerung

Kinderfreude beim Balthasarmarkt

Steinstraßenbummel

Freunde der Stadt bezeichnen diese Straßenzeile als die schönste.
Darüber mag man streiten, denn eine objektive Wertung fällt schwer,
wenn wir den Markt- oder den Kirchplatz einbeziehen.
Die besondere Attraktivität gewinnt die Steinstraße nicht nur durch
die Fassaden und Giebel alter Häuser, sondern wegen ihrer „Autofreiheit“.
Freiheit vom Auto ist hier die Devise!

Das ungehinderte, unbeschwerte Flanieren zwischen bunten Verkaufsständen,
die Vielfalt verlockender Angebote, Spielgeräte für die Kinder
machen den Steinstraßenbummel zum Erlebnis.
Hier sieht man und wird gesehen, bleibt stehen zum „Klönschnack", lädt ein und
läßt sich einladen zum schnellen oder geruhsamen Prost – je nachdem …
Wenn Steinstraßenfest gefeiert wird, und das geschieht in jedem Jahr,
dann verdichtet sich die Szene noch mehr, dann
kommen Musiker, Sänger, Trink- und Wurstbuden hinzu.
Pralles, volles Leben in einer Straße mitten im „sturen" Ostfriesland!

Musica sacra

St. Magnus zu Esens hat bei Freunden der Kirchenmusik im wahrsten Wortsinn „einen guten Klang“. Darbietungen der Kantorei haben den Ruf der Musica sacra aus Esens, früher wie heute, weit über die Grenzen Ostfrieslands hinaus getragen und diesem Ensemble in der Musikwelt Rang und Namen verschafft.

Die Kantorei St. Magnus auf der Orgel-Empore

Nicht nur Können und Engagement von Chor und Leiterin – auch ein Kinderchor zählt zum „Ensemble“ der Esenser Musica sacra –, sondern auch glückliche äußere Umstände tragen zum Erfolg bei, so etwa die ausgezeichnete Akustik der St.-Magnus-Kirche und die von Kantorin Inka Drengemann-Steudtner gespielte Rohlfs-Orgel mit barock-romantischer Klangdisposition. Das von Grund auf restaurierte Instrument steht unter Denkmalschutz und genießt unter den Orgelkennern den Rang der Einmaligkeit. Grund genug, uns der Musik zum Lobe Gottes mit besonderer Aufmerksamkeit zu widmen!

Inka Drengemann-Steudtner an der Rohlfs-Orgel

Viele Instrumental-Ensembles konzertieren in der St.-Magnus-Kirche

Symbole, Zeichen und Strukturen

Zugegeben: diese Auswahl ist ganz willkürlich, und es könnten Dutzende von anderen Beispielen an ihrer Stelle stehen. Symbole, Zeichen und Strukturen einer alten, schönen und liebenswerten Stadt, Details, die viel oder beinahe alles über das Ganze aussagen: Unterscheidbarkeit, Kunstsinn, Repräsentationsbedürfnis, Individualität, eben alles, was wir heute schätzen, wird hier ausgedrückt. Die dem Laien oft verborgene Symbolik alter Wappen, die Form der Fensterrahmen, der Schwung der Giebel: Nostalgie, die wir lieben ...

Das Vorgesagte gilt in besonderer Weise für diese Details der Alten Volksschule, deren sorgfältige Restaurierung im Fensterbild zum Ausdruck kommt. Über die steinernen Sprüche ließen sich gar eigene philosophische Betrachtungen anstellen, und mancher wird im Vergleich der pädagogischen Prinzipien eines verflossenen Jahrhunderts mit denen von heute zur Erkenntnis kommen, daß der Weg in die Zukunft durch die Vergangenheit führt …

Wo man singt …

… da laß dich ruhig nieder. Böse Menschen kennen keine Lieder“ heißt es im Volksmund. Auf unsere Zeit übertragen, mag dieser Spruch zum Ausdruck bringen, daß die Gemeinschaft im Liede verbundener Menschen Gutes und Freundliches bewirkt. In diesem Sinn ist die Arbeit der beiden Esenser Chorgemeinschaften zu sehen, des Frauenchores und des Männergesangvereins. Beide Chöre erheben nicht nur die Freude am Lied zur Maxime, sondern lassen sich an künstlerischen Ansprüchen messen. Ihr Name und ihr Lied haben überall im Land einen guten Klang.

Der Frauenchor Esens, geleitet von Elisabeth Peters

Der Männergesangverein Esens unter Leitung von Ulrich Heimann

Das Besondere suchen und finden

Das möchte wohl jeder, der eine fremde Stadt besucht,
denn mit unserem Mitbringsel verbindet sich doch die Erinnerung
an schöne Tage und Wochen.
Wer in Esens-Bensersiel seinen Urlaub verbringt und in diesem Sinne
auf die Suche geht, wird ganz gewiß nicht enttäuscht werden;

ganz gleich, ob es sich um Alltägliches oder „Besonderes“ handelt.
Diese Bilder mögen als Anregung verstanden werden.
Ob beim Antiquitätenhändler, beim Töpfer, beim Goldschmied oder in der Werkstatt des Restaurators für alte Uhren – überall wartet das Besondere auf den, der es zu entdecken versteht.

Künstlern zugeschaut

Es liegt nahe, daß eine Stadt wie Esens, in der Elemente des Historischen mit Strömungen unserer Zeit überall sichtbar und greifbar verknüpft sind, auch zum künstlerischen Schaffen motiviert.
Vier Esenser Künstler repräsentieren am deutlichsten die Vielfalt dieser Strömungen: oben links Gerd Rokahr, der sich zeit- und gesellschaftskritischer Grafik verschrieben hat, Hans-Christian Petersen mit Schwerpunkt Landschaftsmalerei, Elsbeth Lange, deren faszinierende Relieftechnik ganz neue Perspektiven schafft, und Horst Buldt, ein Neorealist auf den Spuren Franz Radziwills.

Das Esenser Fest des Jahres

Nachweisbar besteht die Schützencompagnie Esens seit 1577.
Aus dieser Zeit stammt die Gründungsurkunde, die der Graf Erich von Hoya
für seine unmündige Schwägerin Walburg ausfertigen ließ.
Andere urkundliche Erwähnungen reichen bis ins Jahr 1431. Grund genug,
stolz zu sein auf eine mindestens über 400jährige Tradition!
Kein Wunder, daß in Esens das größte und schönste Schützenfest Ostfrieslands
gefeiert wird, vier feuchtfröhliche, beschwingte Tage lang,
beginnend am Freitag vor dem zweiten Sonntag im Juli.

Unser Bild auf Seite 39 vermittelt den feierlichen Beginn mit dem „Großen Zapfenstreich“ im flackernden Schein der Fackeln am Freitagabend. Der Sonnabend steht selbstverständlich auch im Zeichen der Schützen, dic an dicscm Tag aber mehr unter sich sind und im Sinne uralter Überlieferung nicht nur „pokulieren“, sondern Orden in Empfang oder Beförderungen entgegennehmen. An dieser Stelle sei eingefügt, daß die Esenser Schützencompagnie sich keinesfalls als exklusiv versteht und etwa nur eine bestimmte Schicht der Bürger repräsentiert. Jeder Esenser kann hier mitmachen!

Der Schützenfestsonntagnachmittag gilt den Ostfriesen als Glanz und Höhepunkt der festlichen Tage. Alles was in Ostfriesland grüne Röcke trägt, wird auf dem Marktplatz von Hauptmann Ludwig Götz begrüßt; dazu viele Musik- und Spielmannszüge, Abordnungen von Vereinen, Folkloregruppen von überall her – ein wahrhaft beeindruckendes, buntes, unvergeßliches Bild. Im Anschluß bewegt sich ein schier endloser Festzug durch die Esenser Straßen, hinaus zum Schützenplatz.
Beim Festumzug am Montag fallen uns im Reigen der Marschierenden ehrwürdige, schwarzgekleidete Herren auf, die „Zylinderschützen", Vertreter der Öffentlichkeit,

honorige Leute, die auf diese Weise ihre Verbundenheit mit Esens und seiner Schützencompagnie demonstrieren. An diesen Tagen wimmelt es in Esens von „Majestäten“, denn nicht nur die Schützen ermitteln ihren König im edlen Wettstreit im Schuß auf die Königsscheibe, sondern viele andere Vereine und Gruppen auch. Schließlich geht es jetzt um die neuen Majestäten der Schützencompagnie. Spannung regiert im randvollen Festzelt, und begeisterter Jubel brandet auf, wenn die Träger der Königswürde endlich „ausgeschossen“ sind. Die altehrwürdige Königskette wechselt ihren Besitzer, das jahrhundertealte Zeremoniell läuft ab, Esens feiert, feiert wie seit vielen hundert Jahren …

Beispiele für die Qualität des Lebens ...

Wenn ein Bildband auch nur die Momentaufnahme einer Stadt sein kann und darum viele Bereiche kaum erwähnt oder berührt werden, so mag die Auswahl der Bilder für das stehen, was heutzutage mit „Lebensqualität" bezeichnet wird. Die Esenser Vergangenheit lehrt, daß gewachsene Urbanität viel mit „Lebensqualität" zu tun hat. Und wenn eine Stadt stolz ist auf ihre kulturellen Traditionen, darf davon ausgegangen werden, daß auch unsere Gegenwart Esens mit einer Vielzahl von Einrichtungen auszeichnet, durch die wir „Lebensqualität" begreifen. Hier könnten jetzt alle Schulformen, die sozialen, kulturellen und gesellschaftlichen Organisationen und Einrichtungen aufgezählt werden. Das alles würde unseren Rahmen sprengen. Darum die beiden Bildbeispiele: Schulkinder beim Sportfest im Schul- und Sportzentrum und Esenser Senioren, die hier im Altenheim gemeinsam mit jungen Leuten singen und spielen.

Mahnende Steine

Mahnung und Erinnerung zugleich sollen diese beiden Bilder zum Ausdruck bringen. Sie zeigen den in der „Reichskristallnacht 1938“ von den Nazis verwüsteten und nun wieder würdig hergerichteten jüdischen Friedhof und die Gedenkstätte der Esenser Bombenopfer. Als uralter Handelsort hatte Esens eine starke jüdische Gemeinde. Anfang 1933 – zu Beginn der NS-Herrschaft – lebten noch 85 Juden in Esens. Mehr als 40 von ihnen sind der nationalsozialistischen Barbarei zum Opfer gefallen und in den Vernichtungslagern umgebracht worden.

Auch wenn mehr als 50 Jahre ins Land gegangen sind, schmerzen immer noch Wunden, die der letzte Weltkrieg schlug. Am 27. September 1943 um 11 Uhr verwüsteten anglo-amerikanische Bomben einen Teil der Innenstadt, starben 161 Menschen in den Trümmern. Ihrer gedenkt Esens, wenn alljährlich an diesem Tag um 11 Uhr die Sterbeglocke läutet und die Esenser sich zu schweigendem Gedenken an den Gräbern finden.

Ein Moor namens „Ochsenweide“

Dieses kostbare Stück Ur-Natur versetzt uns 200 Jahre in die Vergangenheit zurück.
So sahen überall die Moore in Ostfriesland aus. Das Naturschutzgebiet „Ochsenweide“
ist eines der ganz wenigen erhaltenen und streng geschützten Moore im norddeutschen Raum.
Der Einmaligkeit der Landschaft entspricht auch die Tier- und Pflanzenwelt.
Wer sich vorsichtig bewegt, kann Kreuzottern begegnen
oder beobachtet Frösche und andere Wassertiere in den Tümpeln.
Zur Zeit der Wollgrasblüte Ende Mai ist die „Ochsenweide“ am schönsten.

Die Ochsenweide trägt hier ihr Hochzeitskleid – das Wollgras blüht

Der seltene und geschützte Raubwürger brütet hier noch

In den vielen Tümpeln entfaltet sich reiches Amphibienleben

Zur Nordsee-Kur in Bensersiel

Wer über Esens erzählt, muß auch von Bensersiel sprechen, denn das zum Stadtbereich gehörende staatlich anerkannte Nordsee-Küstenbad setzt mit seinem hochentwickelten Fremdenverkehrsbereich einen eindeutigen wirtschaftlichen Akzent. „Am Wasser hängt, zum Wasser drängt doch alles“ könnte man das berühmte Zitat Goethes abwandeln, um die Bedeutung Bensersiels für die Stadt, aber auch für die ungezählten Urlauber herauszustellen.

Das beheizte Meerwasser-Wellenfreibad mit der Super-Wasserrutsche macht die Gäste unabhängig von Ebbe und Flut

Wenn Bensersiel heute zu den beliebtesten Ferienorten am Meer gehört,
dann verdankt es diese Tatsache einer weitschauenden und klugen Planung,
die den Gast in den Mittelpunkt aller Bemühungen stellt.
Wer erlebt hat, mit welchem Feuereifer kleine und große Feriengäste
im „Haus Regenschirm“ unter fachkundiger Anleitung glasmalen, kupfern, schnitzen, töpfern
und Krabbelkinder im „Haus Kunterbunt“ neue Spielzeugwelten entdecken,
erfährt praktisch, wie „Aktivurlaub“ aussehen sollte.
Hier in Bensersiel liebt man – wie überall – die Sonne, doch man ist nicht auf sie angewiesen.
Sie glauben das nicht? Blättern Sie doch einfach um.

Spielen im „Haus Kunterbunt“ macht Spaß

Mit Feuereifer beim Basteln im „Haus Regenschirm“

Am Strand ist's doch immer am schönsten!

An Tagen, an denen Petrus schlecht gelaunt ist, bietet Ihnen Bensersiel mit der „Sonneninsel“ das Ambiente eines subtropischen Badeparadieses unter Glas. Das große Badezentrum mit einer Wassertemperatur von 30 Grad und die noch wärmere Sole-Kurtherme mit Massagedüsen und Sprudelliegen sind, ebenso wie der Wassergarten, umgeben von exotischen Pflanzen. Römische Dampfbäder, der Saunatreff oder die Solargrotten dienen der Gesundheit. Kleinere und größere Kinder finden eigene Bereiche zum Spielen und Toben. Nicht zuletzt sorgt ein Café für das leibliche Wohl.

Bei Sonnenschein erwartet den Urlauber in Bensersiel ein weiter Sandstrand mit bunten Strandkörben und allen anderen Attributen sommerlichen Badelebens.
Bei Flut ist der ausgedehnte Flachwasserbereich ideal für Kinder.
Bei Ebbe lädt das Watt zu langen Wanderungen ein, auf denen Sie die gesunde Seeluft aus erster Hand genießen.
Auf dem Abenteuerspielplatz finden Ihre Kinder Kletterburgen, das Kletterschiff „Hoppetosse“, Rutschen, Karussell und Schwebebahn.
Zusammen mit dem schon erwähnten Haus Regenschirm und vielen anderen Aktivitäten und Angeboten ist es nicht verwunderlich, wenn der Bensersieler Strand auch bei den Kindern so beliebt ist.

Ein Sommerabend im Hafen

Der Wind spielt mit dem Netz des Krabbenkutters. Er harft
in den ungezählten Mastleinen der Yachten eine seltsame Melodie.
Ein Geruch nach Teer, Salz und Tang weht vom Wasser herüber.
Letztes Licht färbt Schiffe, Himmel und Gebäude.
Stille kehrt ein nach der Betriebsamkeit eines arbeitsreichen Tages:
Ein Sommerabend im Hafen von Bensersiel.

Weites, grünes Land

Wer aus den menschenfeindlichen Steinwüsten der Betonstädte zu uns in das weite, grüne Land hinter den schützenden Deichen kommt, muß sich erst an eine neue Dimension des Schauens gewöhnen. Schwarzbuntes Vieh und die roten Dächer eines einsamen Gehöftes, ganz hinten am Horizont angedeutet die Silhouette unserer kleinen, liebenswerten Stadt!

Ringsumher bäuerliches Land. Eigenart und Schönheit dieser Landschaft zu entdecken, ist nicht eine Sache des flüchtigen Augenblicks. Etwas Zeit muß der Besucher unserer Stadt inmitten einer ursprünglichen ostfriesischen Landschaft schon mitbringen, wenn er sich am Wesen der Dinge freuen will, die das Bild bestimmen.

Vom Meer geprägt

Die Chronik berichtet von verheerenden Sturmfluten, großen Opfern an Menschen, Vieh und Gebäuden. Ganze Ortschaften wurden fortgerissen und sind untergegangen. Auch im Zeitalter der Supertechnik prägt das Meer Land und Menschen. Wenn auch der schützende Deich Katastrophen, wie die Allerheiligenflut im Jahre 1570, unmöglich macht, so treibt der „Blanke Hans" mit Orkanstürmen noch oft genug die Salzfluten in gefährliche Nähe der Deichkrone. Vor dem Deich die Heller mit ihrer

Austernfischer und Regenpfeifer im Wattenmeer

Die alten Sieltore – ein Denkmal des Küstenschutzes

vom Salzgehalt des Meeres eigenartig verwandelten Pflanzenwelt, eine Lebensgemeinschaft, bei der die Natur meisterhaft Regie führt; schließlich das Watt, die wohl seltsamste aller Landschaften. Nicht Land, nicht Meer, im ewigen Wechsel von Ebbe und Flut und doch immer gleich – ein Gleichnis vielleicht, sichtbar gemachte Ahnung vom Ursprung aller Dinge …
Dieser gewaltige, pulsierende Organismus, voll von vielfältigem Leben, reichgedeckter Tisch für Wasservogelscharen, bedarf unser aller Fürsorge und Schonung.

Das Wattenmeer im eisigen Winter

Die alten Sieltore in Bensersiel sind Denkmal und Symbol für den Kampf des Menschen gegen den „Blanken Hans". Weil unser Land zu weiten Teilen tiefer liegt als der Meeresspiegel, müssen künstliche Wasserbauwerke, die Siele und Schöpfwerke, die Umarmung des Wassers von draußen wie von drinnen abwehren, das heißt regulieren. Heute meistern das die elektrischen Pumpen des Schöpfwerks. Früher hieß es besonders nach langen Regenperioden oft genug „Landunter".

Abend am Meer

Am Deich entlang

Wandern wir noch eine kleine Weile am Deich entlang.
Bestimmt treffen wir Kinder, die hier glückliche Ferientage mit Pferden verbringen,
beeindrucken uns die vom ewigen Nordwestwind gebeugten Bäume
an der Straße direkt hinterm Deich.

Ein Sturmfluttag

So erleben die wenigsten unserer Feriengäste den Hafen von Bensersiel. Wenn Herbst- und Winterstürme den „Blanken Hans“ über Ufer und Anleger treiben, dann ahnt der Betrachter vielleicht etwas von der Urgewalt des Meeres, der wir auch heute noch ausgesetzt sind.

Waldeslust

Ostfrieslands Landschaftscharakter wird nicht vom Wald bestimmt; mit wenigen Ausnahmen. Eine davon bietet unsere liebenswerte Stadt: den Schafhauser Wald, einen richtigen Hochwald mit Laub- und Nadelbäumen, blühenden Buschwindröschen im Frühling, rotem Fingerhut im Sommer, dem leuchtenden Herbstgelb der Buchen und winterlichen Märchenbildern.

Da packt auch den Nordsee-Urlauber die „Waldeslust“, und er wandert über zauberhaft schöne Wege durch unseren Schafhauser Wald. Falls Sie die liebenswerte Stadt zwischen Wald und Meer schon kennen sollten, freut es den Verfasser, wenn er Esens aus Ihnen vielleicht noch nicht bekannten Perspektiven zeigen konnte. Und wer Esens noch nicht kennt, sollte spätestens jetzt den Entschluß fassen, bisher Versäumtes nachzuholen.

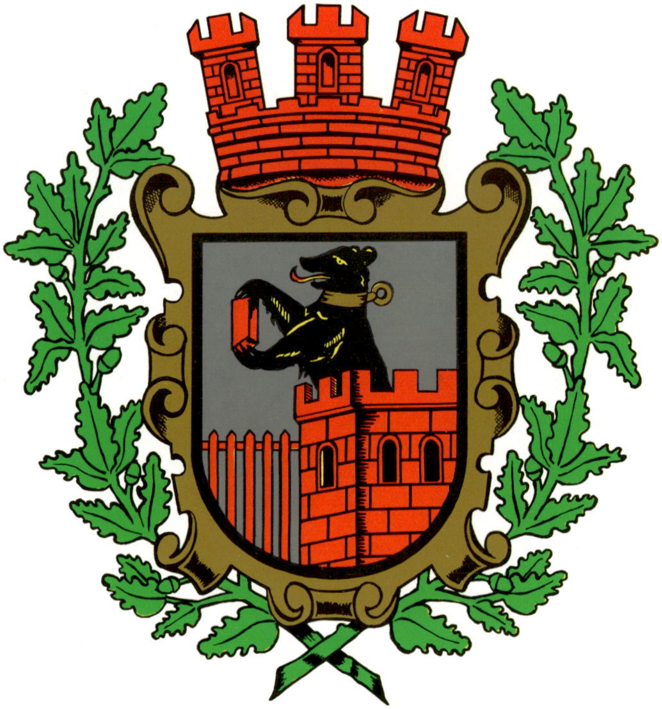

Wappen der Stadt Esens

sens historisch . . .
okumente, Persönlichkeiten,
reignisse

ısammengestellt von Herbert Jander
ıd Werner Schmidt

:hlaglichter auf 500 Jahre einer wechselvollen Geschichte:

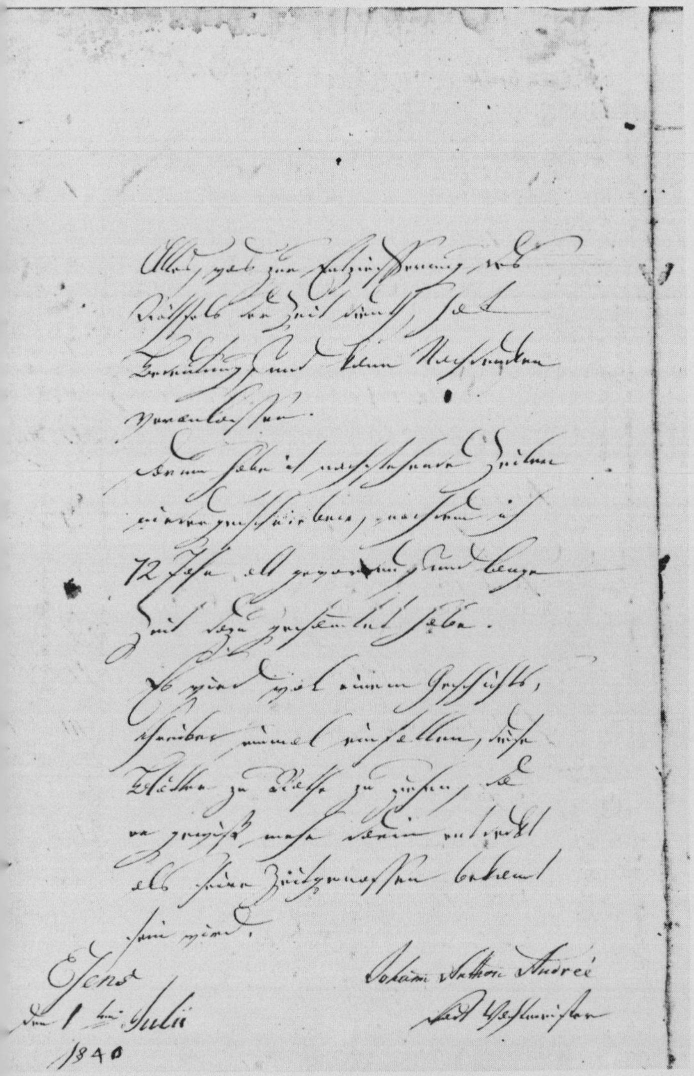

„Alles, was zur Entzifferung des Rätsels der Zeit dienth, hat Bedeutung, und kann Nachdenken veranlassen“, heißt es im handschriftlichen Text des Vorworts zur „Geschichte und Beschreibung der Stadt Esens“ von Johann Anthon Andrée, datiert auf „den 1ten Julii 1840“.

Und Johann Anthon Andrée, Stadt-Wachtmeister, 1768 als Sohn des Schusters Conrad Christian Andrée zu Waddewarden im Jeverland geboren, gestorben am 7. 12. 1841 zu Esens, fährt fort:

„Darum habe ich nachstehende Zeilen niedergeschrieben, nachdem ich 72 Jahre alt geworden, und lange Zeit dazu gesammlet habe. Es wird wohl einem Geschichts-Schreiber einmal einfallen, diese Blätter zu Rathe zu ziehen, da er gewiß mehr darin entdeckt als seinen Zeitgenossen bekannt sein wird“.

Andrée: „Am 1. Maii 1784 bin ich hieselbst bei einem Notarius als Gehülfe, in Condition. Es fehlt mir an allen Sprach- und gelehrten Kenntnissen, und so habe ich keine Geschichte der Stadt Esens, nach den Regeln der Gelehrten, zu entwerfen mir getraut, sondern nur die gegenwärtigen Bruchstücke für die Nachwelt gesammlet.“

Ein Chronist, dem viele nacheifern sollten. Erst heute wieder wird uns der Sinn derartigen Chronisteneifers geläufig. Wichtige Quellen gehen verloren - und wir verfallen mehr und mehr einer bedrohlichen Geschichtslosigkeit. Andrée: „Auch der Magistrat klagte bereits in dem Bericht d. d. 17. Martii 1625, daß alle alten Stadt-Papiere und Nachrichten fehlten.“

Staatsarchiv Aurich, Dep. XIV, V 32 mit Anlagen

Junker Balthasar, Herr zu Esens, Stedesdorf und Wittmund

Die Urkunde Nr. 297 im Staatsarchiv Aurich, ein Brief vom 3. August 1531, unterzeichnet vom Junker Balthasar, dem Herrn zu Esens, Stedesdorf und Wittmund, bescheinigt es: Balthasar und seine Schwester Adelheid geloben auf Vermittlung des Königs von Dänemark, bis zur kaiserlichen Entscheidung ihres Streits sich der Feindseligkeiten gegen die Grafen von Ostfriesland enthalten zu wollen.

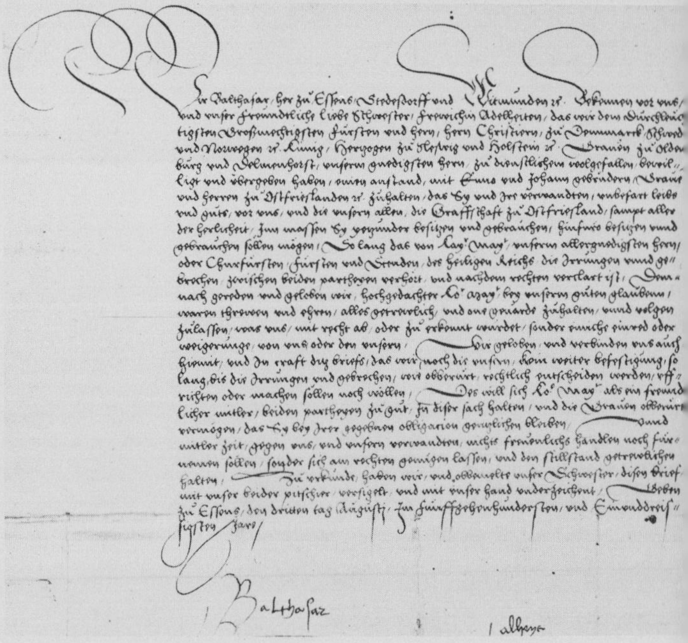

Urkunde Nr. 297, Staatsarchiv Aurich.

Junker Balthasar regierte das Harlingerland von 1522 bis 1540. ▌ bewohnte die Esenser Burg, die leider in späteren Jahren vo Preußenkönig Friedrich dem Großen beseitigt wurde. Die „Bur straße“ und „Im Burggrund“ verweisen noch heute auf den früher Standort der Burg. Balthasar entstammt dem Geschlecht der Attena Sein Vater war Hero Omken, der Jüngere. Als Herrscher von Eser Stedesdorf und Wittmund zeichnete sich Junker Balthasar durc Machtwillen und Tatendrang aus. In einer turbulenten Zeit d Umbruchs versuchte Balthasar seinem Standesbewußtsein gemä materielle Güter zu bewahren und zu vermehren. Dabei schreck er auch vor Überfällen - insbesondere auf bremische Handelsschif in der Nordsee - nicht zurück. Kriegerische Auseinandersetzung mit den ostfriesischen Grafen und den Bremer Hanseaten ware die unausbleibliche Folge. Während einer Belagerung der Bu und Stadt Esens verstarb der Junker im Oktober 1540. Sei Rüstung wurde von den Bremern erbeutet und bildet heute i Bremer Focke-Museum einen besonderen Anziehungspunkt. die Regierungszeit von Junker Balthasar, der als Haudegen bei de Bürgern von Esens durchaus populär war und ist, fällt die Verle hung der Stadtrechte an den damaligen Marktflecken Esens u 1527.

Rüstung Balthasars im Bremer Focke-Museum.

Burg und Stadt Esens

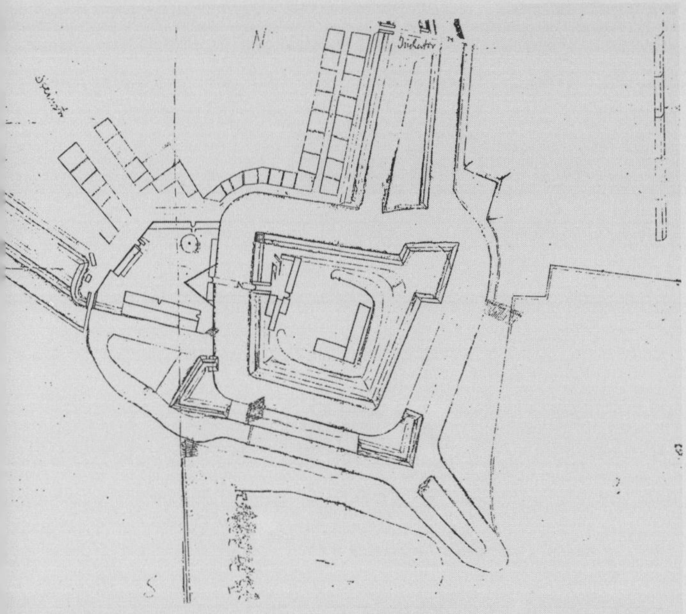

aatsarchiv Aurich, Rep. 244 B 3299.

sens, von Süden gesehen. Zeichnung von 1714, Pastor C. W. Schneider.

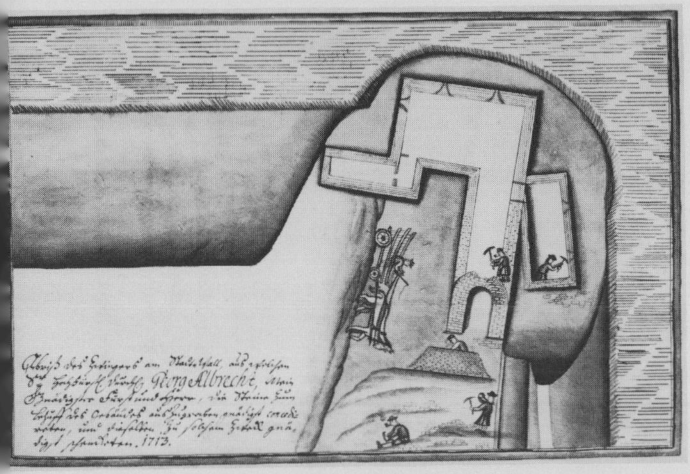

:irchengemeinde Esens (Archiv). Pastor C. W. Schneider.

Wenn Steine, Mauern, Wege, Türme und Fassaden sprechen könnten . . . Sie würden den Chronisten ganz sicher so manches Mal mit Vehemenz ins Wort fallen. Hier nur ein paar Daten, Skizzen und Quellen zur Burg und Stadt Esens: für die Forscher noch immer „ein weites Feld".

„Eselinge", zwischen 1156 und 1174 Kirchort, war um 1310 Sitz des Vizepropstes Tammo („Eslinze"); als Marktort 1321 und 1440 bezeugt.

Vogt Wibet baut zwischen 1426 und 1440 in der Südost-Ecke des „logs" eine Wasserburg.

Zur Zeit des Junkers Balthasar sind Stadt und Burg eine durch mehrere Gräben und Wälle geschützte Festung.

Von 1581 bis 1744 ist die Burg Nebenresidenz der Grafen von Ostfriesland.

Seit 1745 setzt der Zerfall der Burg ein, ab 1755 die Einebnung, veranlaßt durch den Preußenkönig Friedrich II.

C. W. Schneider benutzt die Steine des Stadtwalls für den Bau seines Waisenhauses (1713).

Anton Esen errichtet 1830 - 1848 auf dem ehemaligen Burggelände, dem heutigen „Herrenwall", mehrere Häuser.

1839 Abbruch der letzten Bastion.

Esenser Bär mit Wetterfahne vom ehemaligen Drostentor

Walpurgis (Walburg) von Rietberg, Herrin von Esens, Stedesdorf und Wittmund

Ein Erbvertrag, geschlossen 1576, machte sie zur Herrin von Ese Stedesdorf und Wittmund. Durch ihre Heirat (1581) mit de späteren Grafen Enno III. vereinigte sie das Harlingerland mit O friesland. Ihr früher Tod (1586) bleibt wohl für immer ein „dunk Kapitel“ der Geschichte.

1557: Walburg wird auf der Burg Esens geboren. Als 20jähri wird sie mit dem 14 Jahre alten ostfriesischen Grafensohn Enr verlobt.

Am 29. Januar 1581 findet die prunkvolle Hochzeit in Esens Anwesenheit zahlreicher adeliger Gäste statt.

Walpurgis von Rietburg stirbt am 26. Mai 1586 30jährig nach d Geburt ihres dritten Kindes, angeblich wurde sie vergiftet.

Obwohl die Ärzte einen natürlichen Tod attestieren, gestehen Fra und Töchter des Esenser Bürgermeisters Ewken unter qualvoll Folter einen Giftmord „im Auftrage des Teufels“. Sie werden a dem „Galgenkamp“ vor dem Drostentor lebendig verbrannt.

Ihr Porträt von tom Rink zeigt Walburg im reichen höfische Gewand; ein junges, kaum schon erblühtes Gesicht mit strenge Lippenpaar.

Walburg, Kopie eines Gemäldes (Ausschnitt) von tom Rink; Originalgemälde im Landesmuseum Münster.

Die Schützencompagnie Esens in mehr als 400jähriger Tradition

Die Schützencompagnie Esens, heute ein Eckpfeiler lebendigen Brauchtums, steht in der mehr als 400jährigen Tradition eines wehrhaften Bürgertums, die zurückgeht auf eine am 14. 7. 1577 von Graf Otto VIII. von Hoya erlassene „Verordnung, weß die Schützen zu Esens mit Abschießung des Papagoyen sich verhalten sollen“. Die Verordnung regelte u. a. die Organisation der nicht mehr als 90 Personen (9 Rotten zu je 10 Schützen) umfassenden Compagnie und legte den Ablauf des damaligen Armbrustschießens - später „Schießen mit dem eigen Rohr“ - fest.

riginal der Urkunde vom 14. 7. 1577: Staatsarchiv Aurich, Rep. 4 B, VII d. Nr. 1

Das Reglement war penibel aufgezeichnet und vorgeschrieben: „ . . . die Rotten (sollen) nach einander von fryer Faust ohne anlegend, in guter Ordnung vom ersten Biß zum Letzten schießen, und also wiederumb anfangen, damit sie nit Haufenweise ohne Ordnung schießen, daß nicht etwanne Mißverständniße und derwegen Meuterey infalle, wer den Papagoyen abgeschoßen . . .“.

Eine „Copia der alten Pergamenen versiegelten Schützen-Privilegien“ wurde „Actum Esens, den 28ten May 1700“ auf dem Stadthaus angefertigt.

David Fabricius, Pastor und Astronom

Viele berühmte Persönlichkeiten sind mit der Stadtgeschichte Esens' und der Geschichte Ostfrieslands in Verbindung zu bringen. Nach vielen von ihnen wurden Straßen und Gebäude in Esens benannt. Neben den hier und nachfolgend erwähnten zum Beispiel Siebet Attena (Regierungszeit 1447-1473), Enno Rudolf Becker (1820-1907), Enno Wilhelm Hektor (1820-1874), Herma Allmers (1821-1902), Peter Friedrich Ludwig Hoffmann (182 1904), Rudolf Christian Eucken (1846-1926). Und so auch Dav Fabricius, Pastor und Astronom, geboren am 9. März 1564 Esens als Sohn eines Handwerkers, gestorben am 7. Mai 1617 Osteel, Kreis Norden. In Esens ist ein Weg nach ihm benannt, d „Fabriciusweg".

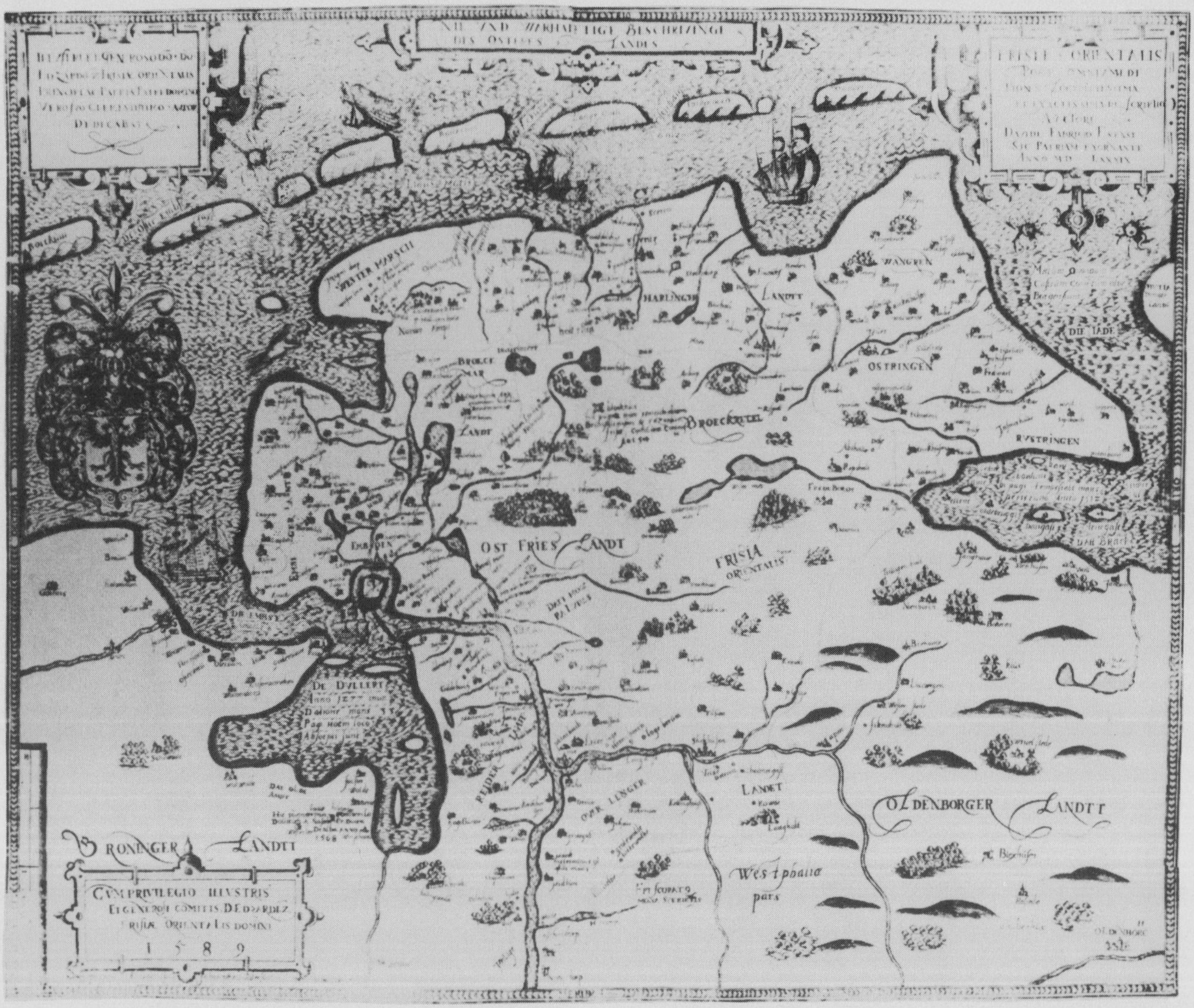

Die älteste in Ostfriesland erstellte Karte Ostfrieslands von David Fabricius im Jahre 1589: „Nie und warhafftige Beschrivinge des Ostfreslandes".

David Fabricius war ein Zeitgenosse Tycho Brahes und Johannes Keplers, mit beiden stand er in einem ständigen Briefwechsel.

Am 12. August 1596 entdeckte Fabricius während der Beobachtung des Planeten Merkur im Sternbild des Walfisches einen rötlichen Stern, der wenig später wieder verschwunden war.

Es sei eine „res mira", eine wunderbare Sache, schrieb Fabricius an Tycho Brahe; er hatte den ersten veränderlichen Stern entdeckt, den Stern „Mira Ceti". David Fabricius' Sohn, Johann Fabricius, in der Astronomie ein gelehriger Schüler des Vaters, entdeckte 1610 die „Sonnenflecken".

David Fabricius wurde schließlich ein Opfer seines Pastorenberu Ein Bauer, den er wegen eines Diebstahls von der Kanzel her ermahnt hatte, erschlug ihn mit einem Torfspaten.

Die Grabinschrift im Chor der Kirche zu Osteel lautet: „Anno 16 d. 7. May is de würdige un wolgeleerde herr David Fabricius, P stor un Astronomus Tho Osteel, van eenen geheeten Frerick Hoy jammerliken vermoordet, in't Jar 53 sindes Olders."

Enno Rudolph Brenneysen und Philipp Heinrich Erlebach

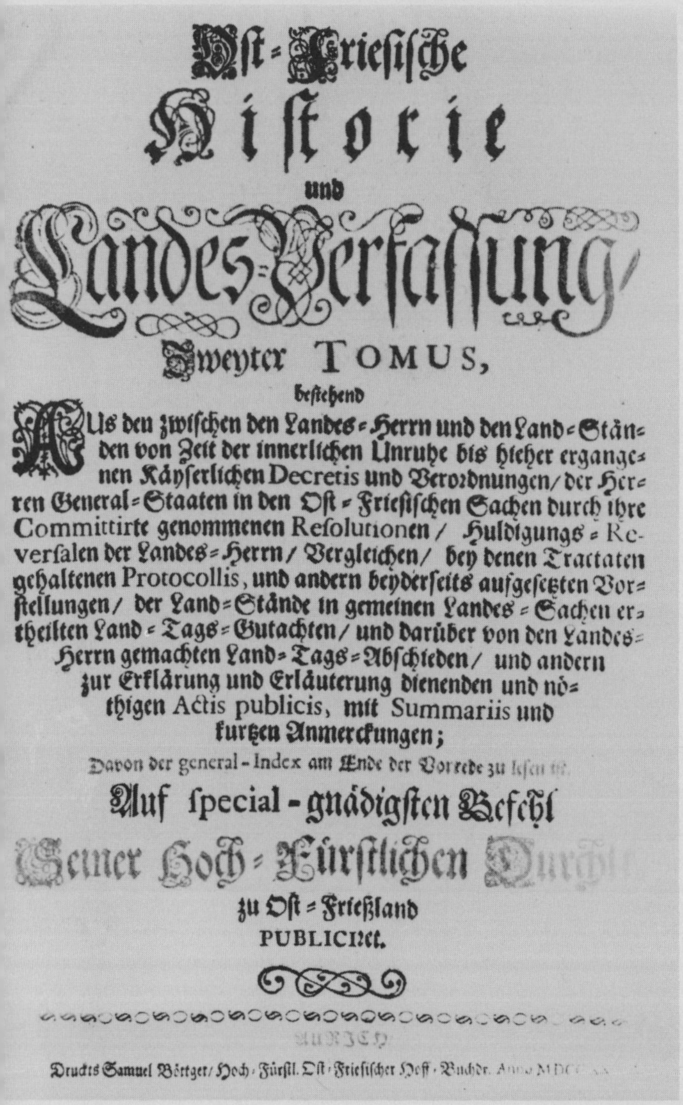
Ost-Friesische
Historie
und
Landes-Verfassung
Zweyter TOMUS,
bestehend
Aus den zwischen den Landes-Herrn und den Land-Ständen von Zeit der innerlichen Unruhe bis hieher ergangenen Käyserlichen Decretis und Verordnungen/ der Herren General-Staaten in den Ost-Friesischen Sachen durch ihre Committirte genommenen Resolutionen/ Huldigungs-Reversalen der Landes-Herrn/ Vergleichen/ bey denen Tractaten gehaltenen Protocollis, und andern beyderseits aufgesetzten Vorstellungen/ der Land-Stände in gemeinen Landes-Sachen ertheilten Land-Tags-Gutachten/ und darüber von den Landes-Herrn gemachten Land-Tags-Abschieden/ und andern zur Erklärung und Erläuterung dienenden und nöthigen Actis publicis, mit Summariis und kurtzen Anmerckungen;
Davon der general-Index am Ende der Vorrede zu lesen ist.
Auf special-gnädigsten Befehl
Seiner Hoch-Fürstlichen Durchl.
zu Ost-Frießland
PUBLICiret.
AURICH
Drucks Samuel Börtger/ Hoch-Fürstl. Ost-Friesischer Hoff-Buchdr. Anno MDCCXX

Auf „special-gnädigsten Befehl Seiner Hoch-fürstlichen Durchlaucht zu Ost-Friesland publiciret" erschien 1720 das zweibändige Werk „Ost-Friesische Historie und Landes-Verfassung", verfaßt von Enno Rudolph Brenneysen, geboren am 27. 12. 1669, gestorben am 22. 9. 1734, Sohn des Bürgermeisters C. J. L. Brenneysen, seit 1709 Kanzler des Fürsten Georg Albrecht von Ostfriesland, ein Verfechter des Absolutismus.

Ganz anders hingegen die Bedeutung eines Zeitgenossen Brenneysens, nämlich die des Philipp Heinrich Erlebach (1657-1714) als Kapellmeister und Komponist, der „harmonische Freude" stiften wollte.

Enno Rudolph Brenneysens Ost-Friesische Historie, Zweyter Tomus, 1720.

Philip Heinrich Erlebachs
Hoch-Gräfl. Schwartzburgisch- und Hohnsteinischen
Capell-Meisters zu Rudelstadt
Harmonische Freude
Musicalischer Freunde/
Erster Theil/
Bestehend
In
Funffzig Moralisch- und Politischen Arien, nebst zugehörigen Rittornellen
à
II VIOLINI
&
BASSO-CONTINVO.
Nürnberg/ gedruckt bey Christian Sigmund Froberg/ 1697.

Philipp Heinrich Erlebachs „Harmonische Freude", Erster Theil, 1697.

„Die geschichtliche Bedeutung Erlebachs liegt nicht zuletzt darin, daß es ihm gelang, auf allen drei Gebieten (geistliche Vokalmusik, Instrumentalmusik, weltliche Vokalmusik) eine Synthese des deutschen Erbes mit den neuen französischen und italienischen Stilelementen zu vollziehen. Damit wurde er in mancher Hinsicht zum Wegbereiter Bachs" (Prof. Kurt Godwill, 1964).

Seit 1681 wird Erlebach in den Akten der Kirche und am Hofe des Fürsten Albert Anton von Schwarzburg-Rudolfstadt (wohin er - vermutlich durch verwandtschaftliche Beziehungen - von Esens aus gelangt war) als „Capelldirector" und seit 1708 als „Capellmeister" erwähnt.

1697 erschien in Nürnberg Philipp Heinrich Erlebachs Schrift „Harmonische Freude Musicalischer Freunde". Von seinen mehr als 700 geistlichen Vokalwerken sind heute nur noch 70 erhalten.

Pastor Christian Wilhelm Schneider

Mit dem bescheidenen Kapital von 300 Thalern und 100.000 Ziegelsteinen, die der Esenser Pastor C. W. Schneider vom Fürsten Georg Albrecht „nebst einigen Balken und Holz" geschenkt bekam, erfolgte 1713 die Grundsteinlegung für das erste Waisenhaus in Esens, damals eine soziale Großtat, die nicht ohne Folgen bleiben sollte. Christian Wilhelm Schneider, am 18. 6. 1678 als Sohn eines kursächsischen Richters in Herbsleben/Thüringen geboren, starb am 4. 6. 1725 in Esens. An das frühere Waisenhaus, über dessen Eingangstür der Spruch stand „Wie teuer ist Deine Güte Gott, daß Menschenkinder unter dem Schatten Deiner Flügel Zuflucht haben!", erinnert die 1979 aufgehobene Esenser „Waisenhausstraße", jetzt Warfbühne.

C. W. Schneiders erstes Waisenhaus in Esens beherbergte damals 70-80 Insass und trug sich wirtschaftlich selbst.

C. W. Schneider entwarf seinerzeit auch die Zeichnungen für selbst hergestellte Möbel und Geräte des Waisenhauses.

C. W. Schneider wurde als Pastor, berufen durch den Fürst Georg Albrecht, am 11. 10. 1711 in sein Amt eingeführt. Die gro Armut und die seelische Not der Armen in seiner Gemeinde, deren Behebung städtische und kirchliche Mittel nicht ausreichte ließen ihn zunächst eine „Armenschule" gründen, schließlich d Plan zum Bau eines „Waisenhauses" fassen, der 1713 verwirklic wurde.

Das Waisenhaus ähnelte im Stil sehr dem heutigen Rathaus a Markt, das aber an jeder Seite um eine Fensterbreite kürzer ist. D fertige Anlage umfaßte damals außer den Räumen für die Kind einen großen Saal mit Orgel, die Schulräume, eine Tuchfabri Bäckerei, Brauerei und eine Mühle nebst Garten und Land.

Am 25. 9. 1860 fällt Schneiders Waisenhaus einem Großbrar zum Opfer, aber schon am 23. 9. 1864 erfolgte die erneute Grun steinlegung zum Bau eines „Armen- und Arbeitshauses" auf de Platz des abgebrannten Waisenhauses.

Am 27. 9. 1943 wurde auch dieser Komplex beim Bombenangri auf Esens zerstört (siehe Seite 70). 165 Menschen ließen damals i Leben. Schneiders Lebenswerk war auf grausame Weise vernichte

Der Neubau des „Armen- und Arbeitshauses" 1864. 2. Waisenhaus.

Verfassungs-Urkunde

ür die Stadt Esens.

Da die jetzt noch bestehende, aus den Zeiten der fremden Herrschaft herrührende Verwaltung der städtischen Angelegenheiten zu Esens in mehrerer Hinsicht als zweckmäßig sich nicht darstellt: so haben Wir beschlossen, an die Stelle derselben die in Folgendem vorgeschriebene städtische Verfassung treten zu lassen, wobei Wir Uns übrigens vorbehalten, dieselbe, nach den Umständen, im Allgemeinen oder im Besondern abzuändern, falls Wir es demnächst etwa rathsam erachten sollten.

Erstes Capitel.

Von dem städtischen Gemeinde-Bezirk und dem Magistrat.

§. 1.

Das Stadt-Gebiet begreift nicht nur Alles, was innerhalb der Stadt-Wälle und Gräben befindlich ist, sondern auch den Schloßplatz, die vor den Thoren stehenden Häuser und ein um die Stadt belegenes Territorium, dessen Gränzen sind:

Der Weg hinter den Finkenburgs- und hohen Kamps-Gärten, um den Lohwarf und Rübekamp bis zur Pumpe im Wege, welcher weiter nach Bochum führt; von dieser Pumpe der Wasserzug um das Flak bis zu der Pumpe bei Focke Jacobs Hause; der grüne Weg gegen den Taubenkamp; von da eine gerade Linie bis zu dem niedrigen Wege, welcher zur Knakenburg führt; der dann anfangende Wasserzug bis an den Hayunghäuser Weg;

I

— 2 —

der grüne Weg hinter den Hayunghäuser Gärten, und dann eine gerade Linie bis zu der Nordorfer Mühle, welche noch zum städtischen Gebiet gehören soll.

Es versteht sich jedoch von selbst, daß die dermaligen Bewohner und Grund-Besitzer dieses Districts zu den bisher contrahirten Schulden der Commune Esens einen Abtrag zu leisten nicht anders schuldig sind, als in sofern sie dazu nach frühern städtischen oder spätern Französischen Communal-Verhältnissen verbunden gewesen.

§. 2.

Die Verwaltung der Gerichtsbarkeit in dem Stadt-Gebiete wird dem Amte Esens exclusiv beigelegt und daher der Wirkungskreis des Magistrats der Stadt auf Gegenstände der Verwaltung und Polizei beschränkt.

§. 3.

Die Besorgung der dahin gehörigen Geschäfte soll zunächst unter Aufsicht der Königlichen Landdrostei zu Aurich wahrgenommen werden:

1) von einem Bürgermeister;
2) zwei Senatoren, von denen künftig der eine die Geschäfte des Cämmerers besorgt.

Als Subalterne werden dem Magistrate beigegeben:

1) ein Cancellist;
2) ein Stadt-Diener, der zugleich Executor ist.

Die Anstellung eines Polizei-Dieners bleibt nach Maaßgabe der Umstände vorbehalten.

§. 47.

Diese Verfassungs-Urkunde soll in die dritte Abtheilung der Gesetz-Sammlung aufgenommen werden.

Hannover, den 22sten December 1824.

Königliche Großbritannisch-Hannoversche zum Cabinets-Ministerio verordnete General-Gouverneur und Geheime-Räthe.

Bremer. Meding. Ompteda.

Der Stadtplan von 1713 und die Verfassungsurkunde von 1824

Der älteste überlieferte Stadtplan von Esens, (Staatsarchiv Aurich, A 1778), stammt aus dem Jahre 1713 (siehe Abbildung).

1824, zum Zeitpunkt der Fixierung der ersten Verfassungs-Urkunde für die Stadt Esens, gab es in der Stadt Esens nur noch einen Bürgermeister statt der vier, die zuvor jahrhundertelang nebeneinander in Amt und Würden waren, geregelt in § 3 der neuen Verfassung, der dann noch weitere Details, die Zuständigkeit der zwei Senatoren etc., festschreibt.

„Da die jetzt noch bestehende, aus den Zeiten der fremden Herrschaft herrührende Verwaltung der städtischen Angelegenheiten zu Esens in mehrerer Hinsicht als zweckmäßig sich nicht darstellt: so haben Wir beschlossen, an die Stelle derselben die in Folgendem vorgeschriebene städtische Verfassung treten zu lassen, wobei Wir Uns übrigens vorbehalten, dieselbe, nach den Umständen, im Allgemeinen oder im Besonderen abzuändern, falls Wir es demnächst etwa rathsam erachten sollten.“

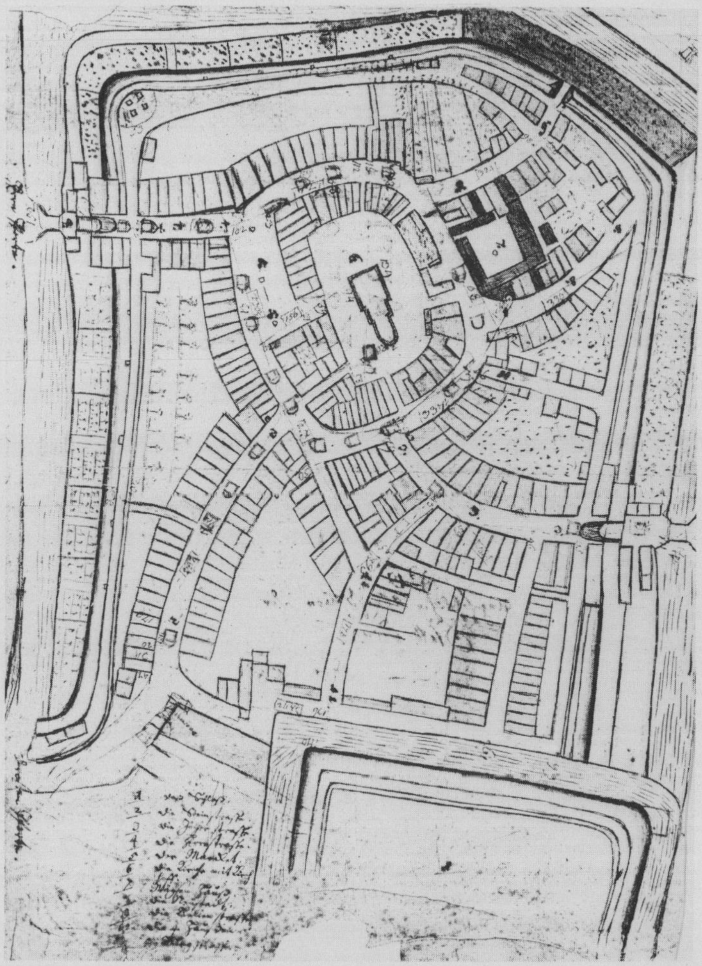

Theodor Thomas und ein Monument am Michigansee

Gleich mehrfach wird Theodor Thomas, der Sohn des Stadtpfeifers J. A. Thomas, in Esens geehrt, hat dieser große Sohn der Stadt doch auch weitab, in Amerika, vielfachen Ruhm geerntet: Ihm zu Ehren wurde ein Berg in den Vereinigten Staaten "Mount Thomas" genannt und am Michigansee ein imponierendes Denkmal ("The Thomas Monument") errichtet. Die Inschrift dort in deutscher Übersetzung: „Kaum hat irgendein Mann in irgendeinem Lande so viel für die musikalische Ausbildung des Volkes getan wie Theodor Thomas! Der Adel seiner Ideale und die Größe seiner Erfolge sichern ihm anhaltenden Ruhm."

Theodor Thomas als 22jähriger.

Theodor Thomas wurde am 11. Oktober 1835 in Esens geboren, sein Geburtshaus stand in der Lilienstraße. Er starb am 4. Januar 1905 in Chikago.

Schon mit sechs Jahren erlebte er sein erstes öffentliches Auftreten, als 9jähriger spielte er vor dem König von Hannover.

1845 wanderte er gemeinsam mit seinen Eltern nach Nordamerika aus. Mit 20 Jahren gründete er eine Kammermusikvereinigung in New York, fünf Jahre später war er Dirigent des einzigen New Yorker Symphonie-Orchesters.

Eine Karriere ohnegleichen begann. 1891 wurde Thomas nach Chikago berufen. Als Gründer und Leiter des „Chikago-Symphony-Orchestra" dirigierte er alle Konzerte anläßlich der Weltausstellung von 1892 in Chikago.

1904 erfolgte die Einweihung der „Orchestra Hall" von Chikago, für deren Errichtung er sich maßgeblich eingesetzt hatte.

Sein Ruhm ist bis heute nicht verklungen.

Sämtliche Bilder aus „The American Orchestra and Theodore Thomas, Charles E. Rassel, New York 1927; „Memoirs of Theodore Thomas", Rose Fay Thomas, New York 1911.

Das Thomas-Monument am Michigansee.

Die Theodore Thomas Orchestra Hall in Chikago.

Die Lilienstraße in Esens mit dem Geburtshaus Theodor Thomas'.

ohann Carl Gittermann, 'orkämpfer für Freiheit und Demokratie

)er Güter höchstes aber ist die Freiheit!“ Mit diesen Worten ersuchte Johann Carl Gittermann, am 30. 10. 1816 in Dornum eboren, Hilfsprediger in Carolinensiel, Rektor der Lateinschule in sens, liberal orientierter Präsident des Esenser Bürgervereins, Ostiesland auf die neue deutsche Reichsverfassung einzuschwören, dem er sie zu einer Huldigungsadresse für die Nationalversammng in Frankfurt a. M. aufrief: „Durch Einheit zur Freiheit!“ ittermann wurde so zum Vorkämpfer für ein einiges Deutsches eich. Er starb am 18. 3. 1892 in Leer.

as Faksimile der Rede von Johann Carl Gittermann auf dem senser Marktplatz ist leicht zu entschlüsseln und belegt den impferischen Geist Gittermanns, dessen Urgroßvater Münzmeier und Bürgermeister zu Esens und dessen Vetter der Philosoph udolf Eucken war.

ittermann in seiner Rede für die Paulskirchen-Verfassung u. a.:)ie Einheit eines so großen und so edlen Volks, wie das deutsche t, giebt aber demselben auch eine unbeschränkte, unendliche und igemeßene Macht. Auch wir hier in Stadt und Land wollen ierschütterlich festhalten an Deutschlands Einheit, wollen uns haaren um das gemeinsame schwarz-roth-goldene Banner . . .“

Johann Carl Gittermann 1848/49: Seine schwarz-roth-goldene Fahne hängt im Rathaus zu Esens.

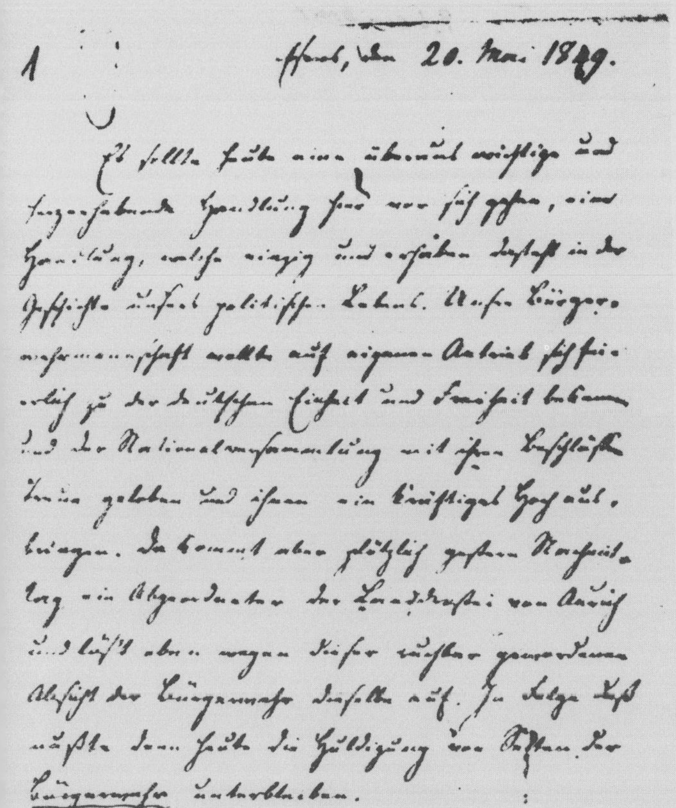

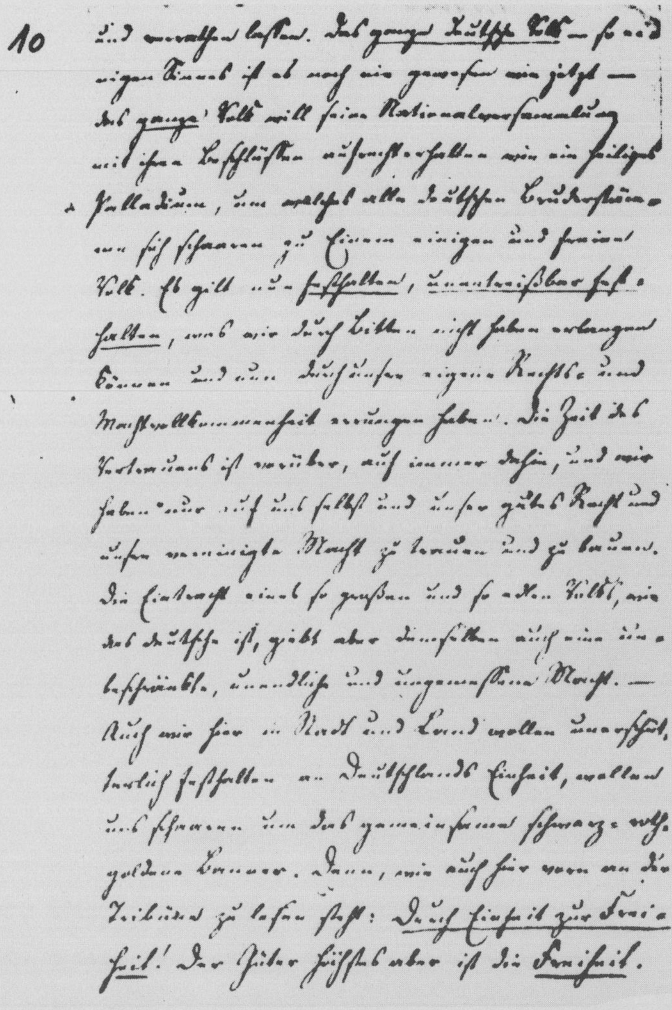

ıksimile der Rede, die J. C. Gittermann am 20. 5. 1849 in Esens hielt.
aatsarchiv Aurich, Rep. 29, Nr. 141

Wiard Habbo Lüpkes, Verfasser der „Ostfriesischen Volkskunde“

Als ein bedeutender Bewahrer der Historie und Volkskunde Ostfrieslands ist auch Wiard Habbo Lüpkes bis heute unvergessen. Am 25. 9. 1863 als Sohn des Kaufmanns und Fleckenvorstehers Habbo Lüpkes in Pewsum geboren, wirkte Lüpkes von 1905 bis 1922 als Superintendent in Esens. Nach seiner Pensionierung war er bis zu seinem Tode am 11. 11. 1933 Verwalter der Pfarrstelle in Thunum. Er wurde in Esens beerdigt.

Blick auf die alte Superintendentur (rechts) am Herrenwall, in der Lüpkes von 1905 bis 1922 wohnte.

Wiard Habbo Lüpkes' „Ostfriesische Volkskunde“, 1925 in zweiter Auflage erschienen, 1972 nachgedruckt (Verlag Schuster, Leer), wird noch heute in Fachkreisen im In- und Ausland sehr beachtet; das Werk gilt als Standardwerk über Landschaft, Volkstum und niederdeutsche Sprache.

Wiard Habbo Lüpkes

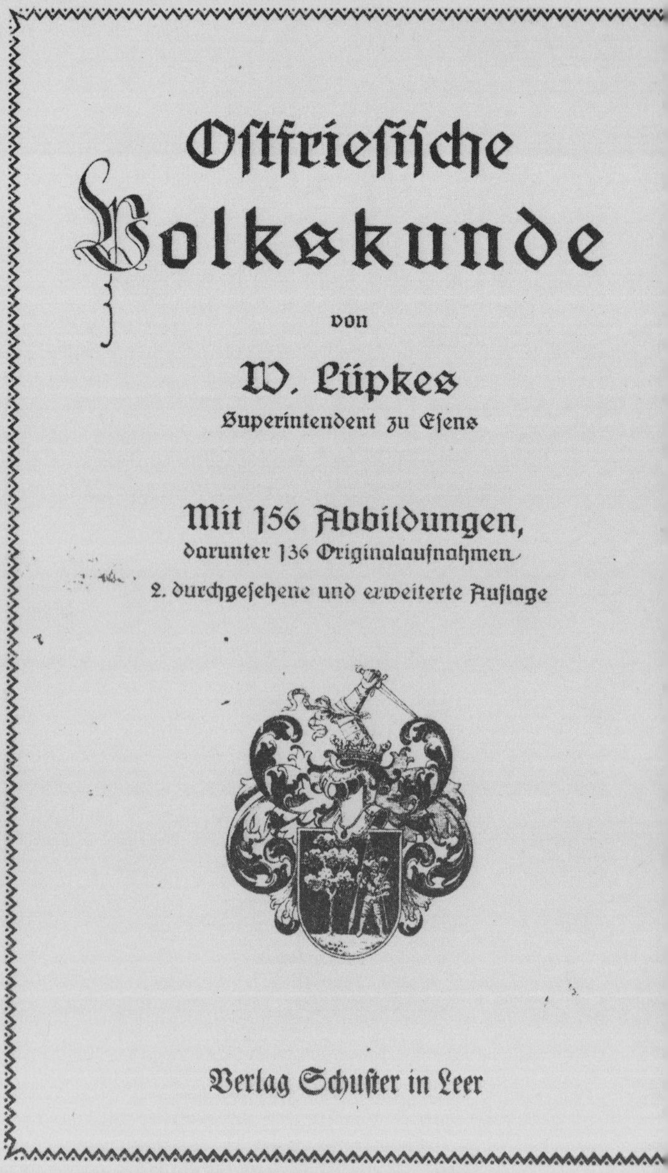

Ostfriesische Volkskunde

von

W. Lüpkes

Superintendent zu Esens

Mit 156 Abbildungen,

darunter 136 Originalaufnahmen

2. durchgesehene und erweiterte Auflage

Verlag Schuster in Leer

Titelblatt der „Ostfriesischen Volkskunde“ von W. Lüpkes.

Wat de Störk to Esens seggt.

1. Störke, Störke Langebeen,
Wenner wullt din Land bisehn?“
So singt dat Kinnervolk bi't Spöhlen
Un kickt kralloogd na Kark un Möhlen.

2. Süh Broer, dor is de Störk allwär,
Bi d' Karktoorn flüggt he hen un her!
He hett ook gliek sin Fro mitbrocht,
As har he all an 'n Unglück docht.

3. Störke, Störke Langebeen,
Du hest gewiß de Vörspök sehn,
Dat du verläden Harwst so laat
Hier blevst in't Nüst an d' Lilienstraat.

4. Nu süttst du 't! Seggst wol an din Fro:
„Wor sünd wi hier, wo is mi 't to?
Stunn tüschen Kark un Möhlen jüst
Nich't Waisenhus mit unse Nüst?

5. De Kark noch so as alltid steit,
De Möhlen ook as anners geit,
Man war alleer dat Waisenhus,
Dar is ja nix as Steen un Grus.

6. De Waisenkinner — övern Sieg —
Weetst noch up d' Warf de lange Rieg?
Se weern so blied, keem Langbeen wär
Und mittbrogg 'n Süsterken off 'n Broer

7. Woll hör nich mehr, doch annerswell,
Se wuß'n man nich, well 't weer so fell
Se sülvst weern all tofrä, ok wenn
Wi man herunnersmeeten 'n Penn.

8. Nu is't vörbi, ut alle Lüst,
De Kinner weg, un furt uns Nüst.
Kumm, Fro, kumm mit mi van diss' Sm
Wiet weg, wiet weg, 't geit mi an't Har

Gedicht von Carl Gittermann, das sich auf den großen Brand von 18 bezieht; in W. Lüpkes „Volkskunde auf S. 301.

Bilder aus Alt-Esens

Esens vor 1914, Stadtleben, Bürger- und Arbeiteralltag zur Jahrhundertwende: einige hingetupfte Impressionen, die das Bild der Stadt als Mittelpunkt einer ländlichen Region zeigen. Viehmarkt, Sägemühlenbetrieb, Kinder auf der Straße: Die ganze Vielfalt des Esenser Alltags dieser Jahre - hier kann man sie nur erahnen.

igemühle am Hayungshaus.

einstraße, rechts die „Alte Münze".

Marktplatz.

Der 27. September 1943

In die Annalen der Stadtgeschichte ist dieses Datum als ein Symbol für das Grauen eingegangen. 165 Menschen starben während des Bombenangriffs auf Esens an diesem Tage, allein im Keller des alten Waisenhauses eine ganze Schulklasse. Die Zerstörungen waren schrecklich. 490 Personen waren mit einem Schlage obdachlos geworden: Die Bilanz eines Vormittags; ein Datum, das niemand mehr auslöschen kann, Mahnung und Warnung für alle Zeit.

Das zerstörte ehemalige Waisenhaus.

Dem Chronisten zufolge wurden an diesem Tag 66 Häuser (
Wohnungen) total zerstört, 100 Häuser (261 Wohnungen) schw
beschädigt, 112 Häuser (228 Wohnungen) mittelschwer beschädi
und 167 Häuser leicht beschädigt. Als öffentliche Gebäude wurd
total zerstört: die Mittelschule, Waisenhausstraße, das alte Spr
zenhaus in der Schmiedestraße und das Reichsarbeitsdienst-Lag
für die weibl. Jugend am Herrenwall; schwer beschädigt außerde
das Zollamt am Jüchertor und die Molkerei in der Molkereistraß

Zerstörungen in der Jücherstraße.

Massengrab Esenser Bombenopfer, heute eine Gedenkstätte.

Neubeginn und Wiederaufbau nach 1945

Der Neubeginn und Wiederaufbau nach den Jahren des Zweiten Weltkrieges setzte 1945 zunächst nur zögerlich ein. Zu groß waren die Zerstörungen, zu weit weg noch für lange Zeit die Chance für eine neue Prosperität. Am 1. 7. 1949 hatte Esens 4047 Einwohner, darunter 698 Vertriebene und 274 Flüchtlinge, Evakuierte und Umquartierte. Für die meisten von ihnen wurde Esens aber bald schon zur neuen Heimat.

55 begann der Bau des ersten großen Seewasser-Badebeckens. Bensersiels ıfstieg zum Küstenbadeort und Seebad beginnt. Der Fremdenverkehr verändert s Gesicht von „Esens-Bensersiel".

Die Danziger Straße der Ostlandsiedlung um 1955.

ıtssitzung im Esenser Ahnensaal am 5. 6. 1967 unter Vorsitz von Bürgermeister ıdewurtel, Stadtdirektor Neemann referiert: Hier wurden von Rat und Verwaltung : Beschlüsse zur neueren Stadtentwicklung gefaßt.

Esens feiert historische Feste - Tradition und Kontinuität

350jähriges Jubiläum der Schützencompagnie zu Esens; Tierarzt Eduard Meents und seine Frau als Graf und Gräfin von Hoya und Bruchhausen vor der Kompagnie.

450 Jahre Stadt Esens: Eröffnung des Balthasar-Marktes 1977.

Die Geschichte Esens', neugierig aufgeblättert, ist wahrlich wechselvoll, bunt und ereignisreich, ein Bilderbogen, wie er hier nur ausschnittweise aufgefächert werden kann. Und die Esenser leben mit und in ihrer Geschichte, bekennen sich zur Tradition und streben nach Kontinuität. Da lebt der Junker Balthasar wieder auf, da erinnert man sich gerne und oft all der Großen aus der Historie di ser Stadt - und blickt so nach vorn. „Alles, was zur Entzifferung d Rätsels der Zeit dienth", hatte Johann Anthon Andrée einst notie „hat Bedeutung und kann Nachdenken veranlassen." Das gilt Esens - und soll so bleiben.

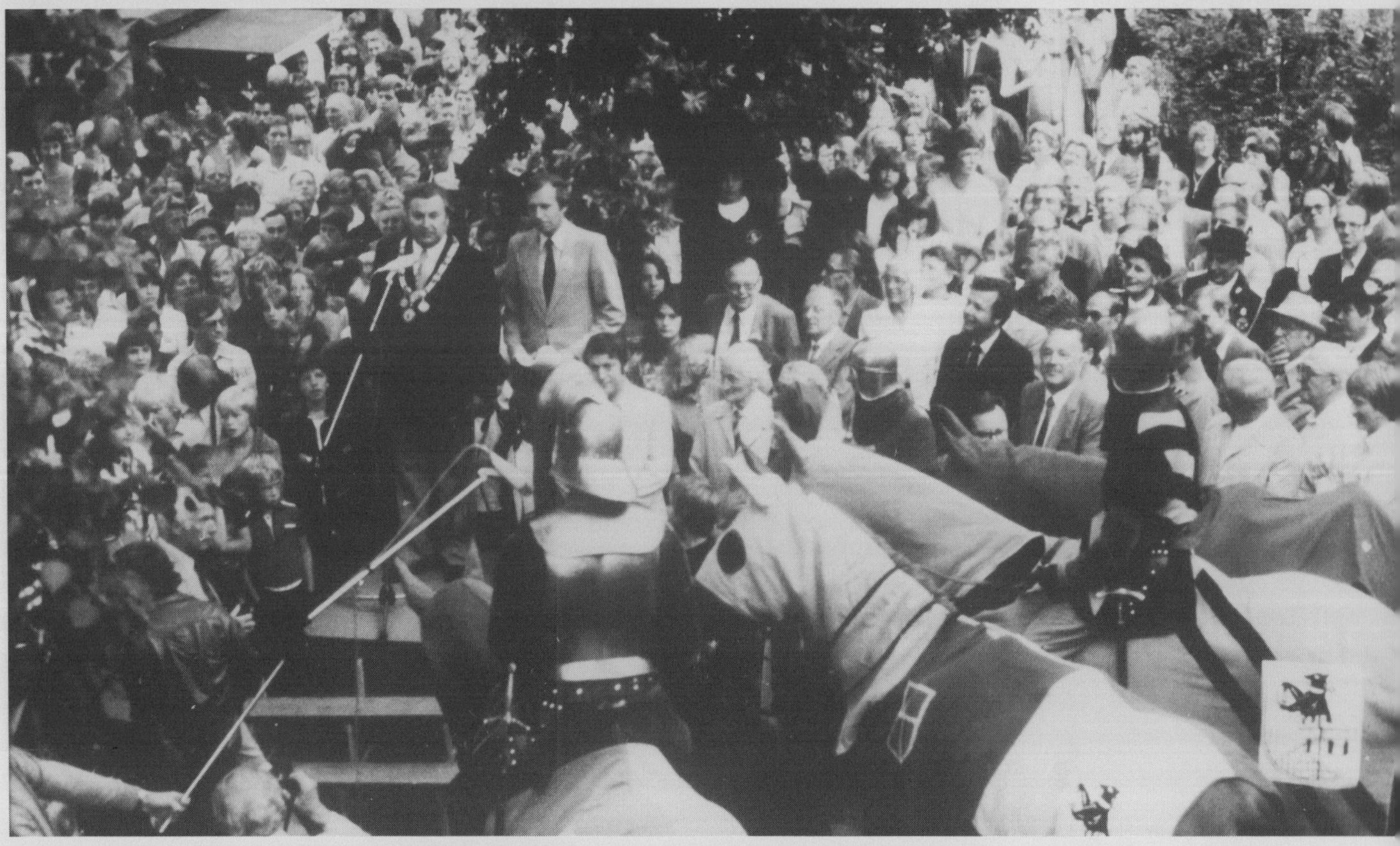

Einweihung des neugestalteten Kirchplatzes mit Enthüllung des Balthasar-Brunnens am 15. August 1981.